L'EMPEREUR

PARIS

HENRI PLON, IMPRIMEUR-ÉDITEUR

RUE GARANCIÈRE, 10.

—

1869

L'EMPEREUR.

PARIS

HENRI PLON, IMPRIMEUR-ÉDITEUR

RUE GARANCIÈRE, 10

—

1869

PARIS. — TYPOGRAPHIE DE HENRI PLON,
RUE GARANCIÈRE, 8.

L'EMPEREUR.

I

Dans la vaste salle des États, au Louvre, au milieu de toutes les magnificences officielles, au bruit du canon qui sonne l'heure de l'ouverture des Chambres, quand sur la masse étincelante d'une foule d'élite, tout à coup, annoncé par une voix brève et vibrante, retentit ce nom :

L'Empereur !

Un frémissement instinctif parcourt l'assemblée, le plus indifférent éprouve un saisissement de curiosité respectueuse ; tous les regards attendent...

L'Empereur !

C'est-à-dire l'homme qui résume la France, non pas avec l'égoïsme absorbant et superbe d'un Louis XIV, mais avec la grandeur de la souveraineté populaire, une main sur le drapeau qui représente l'honneur du pays, l'autre sur l'urne qui représente des millions de voix.

En quelques secondes, dans un rayonnement de la mémoire, se lève et tourbillonne tout un monde de souvenirs glorieux et touchants, prestigieux comme le rêve, saisissants comme la réalité. Ce n'est pas seulement un Souverain qui entre, c'est l'histoire héroïque et sociale de la France depuis le dernier siècle.

Quelle étonnante vision!

Le spectre de 93 disparaissant devant la jeune gloire du vainqueur d'Arcole et des Pyramides. Le Premier Consul relevant les autels profanés et mutilés; burinant d'une main les principes égalitaires de 89 dans le Code modèle qui porte son nom, de l'autre saisissant la couronne que lui offrent trois millions de suffrages; fondant ainsi sa dynastie sur une légitimité jusqu'alors inconnue. Bonaparte devenu Napoléon. Ce génie de la guerre et de l'ordre promenant l'idée française sur les résistances et les haines de l'ancien monde et démocratisant à coups de canon les souverainetés. L'épopée moderne avec ses soldats maréchaux et rois, avec ses splendeurs épiques. La victoire ne s'arrêtant que devant les éléments conjurés, l'incendie dans les neiges, la Bérésina. L'effort désespéré d'une coalition européenne se ruant sur la France. Les adieux de Fontainebleau. Le retour magi-

que de l'aigle volant de clocher en clocher de
l'île d'Elbe à Paris. L'écho sinistre de Waterloo.
La légende surhumaine de la vieille garde. Le
Bellérophon, Sainte-Hélène! — Au milieu de
ces merveilles et de ces désastres, deux tou-
chantes figures, Joséphine, Hortense. Deux en-
fants, deux princes, bercés sur les genoux du
héros; l'un mourant à Schœnbrünn de la gloire
de son père, l'autre neveu préféré, héritier pré-
destiné du trône écrasé, mélancolique écolier
d'Arenenberg, rêveur impatient, errant dans
de chevaleresques aventures. — Puis les chan-
sons patriotiques de Béranger frémissant sur
toutes les lèvres. Les *ex-voto* de l'Empire dans
toutes les chaumières. L'ivresse populaire au
retour des cendres de l'Empereur sur ces rives
de la Seine qu'il avait tant aimées. L'esprit national aspirant avec ardeur la gloire du passé
au milieu des affaissements du présent. — Du
fond de son exil le Prince-prétendant poussé par
sa foi inébranlable dans l'Étoile de sa race, se
heurtant avec une audace prophétique à Stras-
bourg, à Boulogne; agitant l'idée Napoléo-
nienne et méditant un règne humanitaire durant
les longues tristesses du donjon de Ham; s'éva-
dant pour aller, en proscrit, au lit de mort de son
père; puis à la chute d'une royauté désertée
même par ses fidèles, reprenant pied sur le sol

neutre de la République provisoire de tous les partis ; acclamé et porté au Pouvoir par les populations qu'électrise le grand nom de Napoléon ; nié, attaqué avec rage par tous les turbulents et les ambitieux du jour ; cependant impassible, mystérieux, mais à la dernière heure répondant à la furie du parlementarisme révolutionnaire par le *quos ego* du droit national ; sauvant l'ordre social par un coup d'État, chef-d'œuvre d'énergie, immédiatement ratifié par la reconnaissance populaire ; enfin salué Empereur par huit millions de voix ; se vouant au bonheur et à la rénovation des gloires de la France ; donnant avec une noble fierté l'exemple d'un souverain qui choisit selon son cœur la compagne de son trône ; arbitre de l'Europe après Sébastopol et Solférino ; se relevant de la faillibilité inséparable des choses de ce monde par la franchise qui sied à la force ; prêt à toutes les revanches ; brave jusqu'à l'imprudence personnelle, prudent en politique jusqu'à l'impénétrabilité ; ayant goûté toutes les infortunes et tous les triomphes et pouvant se dire dans la grandeur de son âme que rien de ce qui est humain ne lui est étranger. Tel est le prodigieux ensemble qui, tout d'abord, frappe l'esprit à ce mot retentissant : l'Empereur !

II

L'Empereur, du haut de son trône, s'adresse aux grands corps de l'État, à la France, au monde.

Sa voix grave, profonde, s'élève rapidement à un diapason extraordinaire; elle vibre comme une corde d'airain. La véhémence d'un tribun ne saurait frapper l'étendue d'une plus puissante sonorité que cette diction calme et d'une lenteur pénétrante.

A peine prononcée, chaque parole va, d'une étincelle électrique, toucher les principaux centres du pays et de l'étranger. Toute publicité s'arrête et s'efface devant ce discours, événement européen.

Jamais style ne fut mieux l'homme. Chaque phrase porte l'empreinte du Souverain populaire : elle est frappée au coin de la grandeur et de la simplicité. La pensée n'a, dans sa majesté, rien de la convention solennellement banale des anciennes harangues de la Couronne; elle marche avec une fermeté confiante dans l'actualité et le progrès; elle a des bonheurs d'expression, une faculté d'intuition, une vertu

communicative, un don naturel d'aller droit
au cœur du peuple, qui lui donnent un caractère
et une autorité incomparables.

D'après une naïve et poétique légende, le ciel
semblerait s'associer à la fête de toute grande
revue impériale; il y a même un mot populaire
pour ce hasard de soleil; c'est, dit-on, *le temps
de l'Empereur*. Un phénomène semblable apparaît dans l'ordre moral à chaque discours impérial; même au milieu de sombres préoccupations, il y a tout à coup dans l'esprit public
comme un rayonnement de sérénité; sur la
journée politique règne en quelque sorte *le
temps de l'Empereur*.

III

Il est peu d'hommes, même et surtout des
plus grands, qui ne perdent de leur prestige à
être étudiés dans leur milieu intime. Vu de près,
Napoléon III gagne au contraire en séduction
et en véritable grandeur personnelle tout ce
qu'il perd en piédestal et en perspective.

Élève de l'exil et du malheur, avant de com-

mander aux autres, il a appris à se commander
et à se suffire à lui-même. Simple et sobre,
la vie matérielle lui est indifférente. Il n'ac-
cepte le luxe que pour son entourage et comme
ressort du commerce national. L'or n'a d'autre
valeur pour lui que celle de la générosité et
de la bienfaisance; il ne thésaurise que des
obligés et des ingrats. La prodigalité, qui est
une vertu chez un souverain, égale chez lui la
discrétion; jamais il n'a voulu gêner aucune
indépendance de cœur, ni laisser confondre par
un seul mot les insulteurs qui jadis ont sollicité
et recueilli ses bienfaits.

Sa bonté est d'une douceur inaltérable. Il est
d'une parfaite aménité, même vis-à-vis des plus
humbles, et tient essentiellement à ce que parmi
ses gens règne une politesse qu'on ne saurait
qualifier de parlementaire.

On n'est pas Souverain sans être assailli d'in-
trigues de tout genre. Comment discerner le
juste et le vrai dans les récriminations qui se
croisent et s'attaquent aux bons aussi bien
qu'aux douteux? Comment ne pas être assourdi
par ce bourdonnement incessant et opiniâtre,
à moins d'avoir une tête de bronze?
L'Empereur écoute tout, car il doit tout con-

naître, mais il ne se décide que sur preuve; une clameur ne saurait lui suffire. Ce qu'on lui a insinué tout bas, loyalement il le répète tout haut à l'intéressé; de là parfois de bien curieuses déconvenues.

Oublieux des injures, quand une indignité lui est démontrée, il méprise l'acte et plaint le coupable; sa sévérité même laisse tomber derrière elle une charité.

Rien ne le désoblige plus que d'être trompé. On s'est parfois étonné de le voir donner une nouvelle mission à une personne qui a perdu de sa confiance. C'est là simplement une épreuve définitive qu'il surveille. Quoi qu'il arrive au moins, il n'est pas trompé.

Esprit constamment en travail, non content de faire l'histoire du présent par ses actes et ses discours et de préparer celle de l'avenir, il trouve encore le temps de ranimer celle du passé. La grande figure de Jules César devait tenter la plume de Napoléon III. Nous avons maintenant les Commentaires français du vainqueur des Gaules, écrits par un Montesquieu dont le fauteuil académique est un trône.

Accessible aux misères plus qu'aux ambitions, l'Empereur veut être en communication constante avec les intérêts et les souffrances de son peuple. Il est la providence des inventeurs, pauvres d'argent, mais riches d'imagination et de science, qui s'attellent au progrès de l'industrie et de l'humanité. Il aime ce monde d'idées ingénieuses qui rendent la matière subtile et vivante ; il y aiguise son esprit pratique et saisit d'un coup d'œil le point essentiel de la difficulté ou de l'avantage ; souvent, dit-on, ses conseils lui donneraient droit à un brevet de perfectionnement. Il accorde sous une forme charmante son patronage financier à toute sérieuse tentative et ne refuse pas sa charité à l'illusion laborieuse ; aussi les découvertes françaises n'émigrent plus, et celles qui viennent de l'étranger reçoivent des lettres de naturalisation.

Quant à lui, on sait que le premier il a su transformer notre marine de guerre et la rendre presque aussi invulnérable que terrible ; on sait avec quel succès l'artillerie française l'a salué inventeur sur les champs de bataille.

Le feu de l'ennemi l'a aussi salué brave entre tous, brave de cette impassibilité hardie qui juge et qui commande la victoire.

Son courage, les attentats dirigés contre sa

personne en ont encore attesté la sérénité ; les bombes infernales qui ont fait trembler la France ne l'ont pas fait trembler. Il songe que sa vie est entre les mains de Dieu et que sa mission n'est pas finie.

IV

Il n'est personne qui ne connaisse les traits de Napoléon III ; mais ce que n'ont jamais su rendre, ni les nuances de la peinture, ni la stricte fidélité de la photographie, ni la précision délicate de la gravure, c'est l'expression du regard.

Regard rêveur, à la fois absorbé et perçant, ayant en quelque sorte le don de voir sans être vu, fascinateur par son impénétrabilité même, s'agrandissant sous le coup d'une émotion, avec un éclat métallique, ou se fermant à demi avec une expression qui a la douceur d'une caresse.

La première fois qu'est admis en sa présence un homme qu'il lui importe de bien connaître, l'Empereur l'enveloppe d'un seul coup d'œil, puis les paupières se détendent, l'éclair disparaît, le jugement est formé ; le charme commence.

Une qualité rare, chez un souverain surtout, c'est de savoir écouter. L'Empereur écoute d'une façon flatteuse, on pourrait dire parlante; sa réflexion est cordialement attentive.

Sobre de paroles, il n'interrompt que pour placer un mot juste, une question topique, et cela avec une noblesse si simple, si exquise, qu'elle a presque l'apparence de la timidité. Il ne discute pas, il précise et se réserve. Il n'aime pas les parleurs, mais il est au plus haut point sensible à l'éloquence.

Il aime et recherche la vérité, mais la vérité déférente en la forme et inspirée par le dévouement. Plus d'une fois un conseiller sincère, sorti soucieux de son audience et craignant d'avoir froissé sa susceptibilité, a reçu quelques heures après un précieux témoignage de sa gratitude.

Quiconque a causé avec l'Empereur n'a pu échapper à sa séduction vraiment irrésistible.

Sans doute il faut faire la part de l'auréole de la souveraineté; sans doute la pensée qu'on est en présence de celui qui d'un trait de plume peut disposer de tant de choses ou bouleverser le monde impressionne tout d'abord, mais le plus pénétrant et le plus durable prestige de

Napoléon III lui est tout personnel. Les esprits les plus prévenus, les plus récalcitrants, ont été maîtrisés par ce magnétisme indéfinissable. En 1852, un de ses adversaires les plus déterminés disait à son fils, aujourd'hui député : « Je sors de chez le Président, j'ai au plus vite rompu l'entretien, car sous son regard et sa parole je sentais fondre ma résistance, je glissais, je glissais ! »

Si dans les cérémonies publiques l'Empereur apparaît grave et froid, dans l'intimité, nul n'est plus gracieusement enjoué ; parfois même il se plaît à aiguillonner les siens dans des tournois d'esprit où il fait régner un véritable *humour*.

Il est surtout un moment où son visage s'éclaire d'une ineffable expression, c'est l'instant où entre près de lui le jeune Prince, qui est son sang, sa joie, la gloire de son cœur. Avec quelle gravité tendre il répond aux charmants caprices de l'enfant questionneur ! Comme sa parole est maternelle ! Comme il l'instruit en le couvant de caresses ! En lui, c'est encore la France qu'il aime, car, tous deux, il les réunit et les confond dans ses rêves d'avenir !

Ce n'est pas seulement sur les hommes, c'est

aussi sur les objets qui l'entourent que se reflète sa personnalité. Son cabinet de travail le montre bien. Là, pas de luxe de tapissier, mais des souvenirs de famille, des médaillons, des bustes, des portraits, particulièrement de l'Impératrice; un Jules César, une Vierge, quelques bronzes d'art, des modèles d'armes; dans la bibliothèque, des écrivains choisis, et notamment un Thiers qui parle autrement qu'à la Chambre; sur le bureau, une photographie du Prince Impérial où se repose en travaillant la pensée du père, une coupe à cigarettes, une tablette d'ivoire pour noter les choses du jour. — Le principal caractère du lieu est une simplicité noble et intime mise en évidence par une grande clarté qui entre par deux larges fenêtres donnant sur le jardin. Jamais l'Empereur n'a recours à cette coquetterie politique qui consiste à se détourner de la lumière pour y exposer son interlocuteur; aussi est-ce un curieux et puissant contraste que ce plein jour frappant la tête accentuée et pâle du maître, ce front si bien modelé pour les vastes pensées, ce regard plein d'ombre qui semble défier la curiosité de l'homme et la brutalité du soleil.

V

Longtemps les physionomistes les plus habiles ont cherché par étude et par intuition à lire dans ce regard voilé ; longtemps les Œdipes de la diplomatie ont épuisé la fantaisie des jugements les plus opposés, sans réussir à déchiffrer le problème de cette figure mystérieuse. On aimait, on redoutait, on admirait, on injuriait, mais on ne comprenait pas Napoléon III.

On savait bien que jadis sa mère l'appelait *le doux entêté ;* on savait sa bonté égale à son audace, sa séduction mélancolique émule de sa volonté, la fixité de sa foi et les tempéraments de sa politique ; on reconnaissait bien sa marque impériale sur les choses du jour, mais on ignorait la portée et les procédés de son génie ; sa fortune n'avait pas levé son bandeau.

Cependant, peu à peu, aux lueurs multiples des faits accomplis, la lumière s'est formée, l'esprit s'est dégagé des événements, le penseur est apparu sous le Souverain.

Peut-être est-il permis maintenant de tenter le portrait de cette âme.

A la fois rêveur et positif, doctrinaire et impressionnable, autoritaire et libéral, Napoléon III pense en philosophe et agit en homme d'État.

L'idée lui vient vive et généreuse, mais si la conception est rapide, l'élaboration prend tout le temps de la prudence. La réflexion est sa force et sa garde. Il aime à vivre dans la société discrète de ses pensées et laisse ses projets mûrir lentement, à l'ombre. D'ordinaire, il ne bat pas en brèche les obstacles, il les contourne d'un pas dont la tranquillité presque négligente n'affaiblit en rien la sûreté. Parfois il se retire en arrière, non par appréhension ou concession, mais pour mieux voir et avancer avec plus de certitude. Absorbé dans sa contemplation, on dirait qu'il oublie et s'endort, il ne fait qu'attendre le moment favorable. Il sait que le temps est un précieux auxiliaire qui peut détendre et dénouer des difficultés dangereuses à trancher. Il est patient parce qu'il est fort. D'autres fois il semble aller d'un extrême à l'autre ; c'est qu'il veut explorer tous les rivages, reconnaître tous les écueils et faire lui-même sa carte marine pour le jour de l'expédition finale. Son apparence d'indécision n'est que l'anxiété d'une bonne foi scrupuleuse. Il veut non pas tromper, mais ne pas se tromper.

Quand tout est prêt, il se recueille encore, même il ne lui déplaît pas d'avoir la main forcée par les événements ou par les hommes; mais une fois sa résolution prise, il va droit au but, le frappe, et le monde en retentit.

On peut dire de lui qu'il est hardi dans le premier jet, ondoyant sous la méditation et sous le poids de la responsabilité, temporisateur pour la décision, brusque et inflexible dans l'exécution.

Il voit grand et vise loin. Pour lui toute idée généreuse est la bien venue, et si des raisons d'opportunité lui en font avec regret ajourner l'adoption publique, il la réserve précieusement dans son cœur. Ce qu'il donne à l'autorité, c'est par devoir; ce qu'il donne à la liberté, c'est par sympathie.

VI

On se figure volontiers que l'Empereur a subi une déception amère en voyant se retourner contre lui son initiative libérale du 19 janvier; on s'imagine qu'édifié promptement sur le parti pris qui dénaturait ses meilleures intentions et dressait contre lui, comme une arme de haine, l'outil loyal de la liberté, il a eu la pensée de reculer devant son œuvre et de réagir contre elle.

Ceux qui pensent ainsi se trompent. L'Empereur s'est avancé sans illusion comme sans crainte. Il savait bien qu'on ne lance pas un vaisseau sans soulever dans les remous de son sillage toutes les vases infectes qui croupissent sur le rivage; il savait bien aussi que ce trouble-là n'est pas la tempête. Dans sa prévoyance, il s'est dit que le bien se consolide par sa lutte contre le mal. L'ingratitude de certains hommes ne l'a pas plus étonné qu'elle ne l'a découragé. Ayant calculé la portée des attaques, il ne s'en est pas ému, et il poursuit sa marche avec la bonne conscience de l'avenir.

Les éventualités de sa politique, il les juge avec le même sang-froid que les menaces contre sa personne.

Un jour, comme il parcourait à cheval la grande avenue des Champs-Élysées, une détonation retentit à ses oreilles; froidement il regarda autour de lui, et aperçut un homme qui, le pistolet en main, le visait de nouveau. Il ne sourcilla pas, et, bien que cavalier accompli, ne stimula ni ne détourna l'élan de son cheval. Second coup de feu... tiré sans l'atteindre. Laissant alors la foule arrêter Pianori, l'assassin, l'Empereur continua tranquillement sa promenade, et dit à un de ses familiers : « Je n'ai pas eu d'inquiétude, j'ai vu qu'il visait trop haut. »

En présence des violences d'une certaine presse, ne pourrait-il pas répéter, en le modifiant, son mot si simplement superbe, et dire : « Je n'ai pas d'inquiétude, elle vise trop bas. »

C'est aussi ce que se disent bien des gens revenus des premiers caprices d'une malsaine curiosité, ou d'une foi naïve dans ce qui est imprimé. On commence à savoir quels sont ces adversaires et ces spéculateurs de scandale qui s'érigent en juges, quel est tout ce personnel de la calomnie, quelles misères morales grincent sous l'orgueil des masques, et bientôt viendra le jour où le dégoût général balayera toutes ces feuilles souillées et corrodées.

La grandeur peut se mesurer à l'insulte aussi bien qu'à l'admiration. Quel homme a jamais été plus outragé que Napoléon Ier ! Pour juger de l'importance de Napoléon III dans le monde, qu'on aille à l'étranger, là où écument les pires passions rejetées à la frontière. Là se prolonge l'éclat de l'Empereur aussi bien que son ombre ;

là les philosophes admirent son œuvre autant que les politiques jalousent et redoutent sa puissance.

Cependant personne plus que lui n'aime et ne désire la paix. N'est-ce pas lui qui a mis à l'ordre du jour de l'Europe les congrès préventifs? N'est-ce pas lui qui poursuit avec la persévérance d'un civilisateur convaincu l'établissement d'un tribunal international qui remplacerait la guerre par la justice? Quel souverain s'est jamais montré plus désintéressé, a mieux combattu pour l'honneur d'un principe et plus activement resserré les nations par des traités de commerce? Sans doute quiconque le provoquerait devrait redouter ses armes; mais qui donc a le droit de suspecter son ambition? S'il est le cousin des rois, ne s'est-il pas signalé comme l'ami des peuples?

On a prétendu qu'il était impérieux. Que ne peut-on le voir entouré de ses ministres? Nul plus que lui n'est dégagé de préjugés, de parti pris. Après un examen où sont scrupuleusement élucidés le pour et le contre de toutes les questions, l'Empereur presque toujours se range à l'avis de la majorité de son conseil.

Mais, dit-on, l'Empereur, c'est le Pouvoir

personnel? Personnel, on a bien dit, car l'Empereur paye de sa personne.

Quand le peuple a besoin de lui, partout où il y a un danger, une catastrophe, un fléau, ce n'est pas seulement de l'or, c'est son cœur, son courage, sa vie qu'il offre.

VII

Le Rhône et la Loire ont brisé leurs digues sous la masse irrésistible de leurs flots. Sur leur passage, tout est dévastation. Dans les villes, les maisons s'effondrent, les rues sont des torrents. Dans les campagnes, moissons, troupeaux, chaumières, tout est emporté. Transies, affamées, des familles sont réfugiées sur le toit de leurs maisons qui croulent. Ce sont des scènes du déluge. Durant de longues heures, nul espoir sur l'immensité furieuse. Qui donc, en effet, risquerait sa vie pour tenter un secours surhumain?

Cependant une barque apparaît : elle est chargée de vivres, de vêtements; un homme au front pensif encourage les rameurs. En avant! toujours en avant!

Les malheureux lèvent au ciel leurs mains reconnaissantes. Cette barque, elle porte l'Empereur et leur salut!

Un épisode entre mille : à Lyon, sur les poutres enchevêtrées d'une masure qui vient de s'abîmer dans un tourbillon sinistre, un vieux canut reste accroupi, le regard féroce de misère et de désespoir ; tout à coup il aperçoit, suivi de quelques courageux hospitaliers, un homme à cheval, luttant contre le courant. C'est l'Empereur ! Alors se redressant à demi, la bouche crispée, l'œil plein d'éclairs, le misérable, ancien séide de sociétés secrètes, s'écrie : « Ah ! te voilà ! eh bien, oui, je te hais!... mais... je t'admire ! »

Et sous le regard compatissant du Souverain, le malheureux chancelle, aveuglé par des larmes.

VIII

Il est un fléau plus terrible que l'inondation : il règne dans l'air ; quiconque respire peut en mourir ; il foudroie ou décompose ; il fait de ses victimes des objets d'horreur dont l'approche est mortelle ; il tue par la peur même ; il désespère la science ; il frappe mille coups à fois..... le choléra !

A Paris il éclate. Les hôpitaux sont remplis. Comme l'épidémie, la panique est dans l'air. L'Empereur et l'Impératrice vont droit au centre du mal : calmes, un sourire de consolation aux lèvres, ils visitent les lits de douleur, encouragent les malades, raffermissent les cœurs, récompensent les dévouements. Respectés par le fléau, ils semblent l'avoir fait reculer : leur victoire morale ranime toute la cité.

Mais le choléra s'abat sur Amiens. La ville est jonchée de morts. C'est un sauve qui peut lamentable. L'Impératrice accourt de nouveau ; elle visite les hôpitaux, prie sur les cadavres, donne aux moribonds une suprême espérance, soigne les malheureux au souffle empesté. « C'est, dit-elle, sa manière d'aller au feu. »

Impératrice, elle a l'âme de l'Empereur.

IX

Par une rayonnante soirée de printemps, une foule immense erre ou stationne dans la rue de Rivoli. Toutes les maisons sont pavoisées de drapeaux tricolores où le bleu national alterne avec un vert étranger. Il y a dans tous les regards, dans toutes les voix une émotion profonde, une sorte de fièvre patriotique. On entend comme un vague refrain de marche guerrière. C'est que, à l'appel de l'Italie envahie, l'Empereur a jeté par-dessus les Alpes le veto de la France, et qu'il part pour les champs de bataille. Déjà nos troupes alertes ont débarqué à Gênes et descendu les pentes du mont Cenis. Cette fois, ce n'est pas un conquérant, c'est un libérateur qui porte le nom de Napoléon.

Dans un salon des Tuileries, l'Empereur fait ses adieux. L'Impératrice-Régente, son Fils, ses ministres l'embrassent, les yeux voilés de larmes. Il quitte tout ce qui lui est intimement cher. Il va hors de France courir tous les hasards de la guerre. Qui peut prévoir!... Au dernier moment, il détourne la tête, puis il la relève, transfiguré par la grandeur du devoir résolu.

« Le voilà! le voilà! » Les mains se lèvent, les chapeaux s'agitent; on court, on se presse; tous les rangs sociaux sont confondus; des milliers de vivat éclatent; la calèche impériale n'avance plus que portée en quelque sorte par une foule ivre d'enthousiasme.

Lui, simple, saluant d'un long sourire où brille son âme attendrie et fière, il traverse cette émeute d'amour populaire : « Mes amis, dit-il, vous allez me faire manquer le train. » A chaque pas, sa portière est prise d'assaut; des ouvriers, aux mains rudes et hardies, saisissent sa main, effleurent, pressent même sa poitrine, et lui murmurent ou lui crient d'émouvantes paroles.

Spectacle unique au monde! le cœur d'un souverain battant dans la main de son peuple.

X

Le peuple! il aime qui l'aime. Il sait bien que son meilleur ami est sur le trône. Il n'écoute pas ces flatteurs démagogiques ou félins qui lui soufflent le froid et le chaud, et qui voudraient faire de lui le troupeau de leur ambition hypocrite ou vulgaire. Il a confiance dans celui qui, proclamé par le suffrage universel, ne songe qu'au suffrage de tous. Il reconnaît avec un amour fier que de tous les souverains l'Empereur est le seul qui ait mis constamment au premier rang des préoccupations de son règne la conquête du bien-être intellectuel, moral et matériel de la grande masse de ses sujets, de ceux-là qui combattent en travaillant la grande bataille de la vie, le premier qui ait fondé l'ordre et la liberté vraie sur la démocratie heureuse. Le peuple! il donne sa force à celui qui lui a voué son génie et son cœur.

XI

Le résumé de ce que l'Empereur a fait pour la cause sociale ne saurait entrer dans le cadre d'un portrait. Deux ouvrages récents (1) en ont fait la statistique, admirable dans sa concision même. Comparativement à ce qui a été fait dans le passé, il semble que, durant les dix-neuf ans de son règne, l'Empereur ait accompli l'œuvre de plusieurs siècles.

Un jour viendra où, dégagée de tous nuages, l'histoire du haut de son impartialité dira :

Napoléon III a trouvé la France ébranlée, stérilisée par le volcan déjà fumant des plus détestables passions, il l'a rendue forte, féconde et grande. Voyez ces campagnes opulentes où chaque paysan a désormais sa vigne, sa moisson ; où la propriété s'est vivifiée en se morcelant ; ces cultures là où il n'y avait que des déserts de sable ; ces écoles, ces églises, ces cités ouvrières, ces établissements de bienfaisance, ces monuments ; ces réseaux de voies ferrées, où la vapeur supprime le temps et l'espace ; ces

(1) *Lettre à un électeur*, par un ancien Constituant ; *les Progrès de la France sous le Gouvernement impérial*, d'après les documents officiels.

canaux, ces chemins vicinaux, innombrables
artères de la vie industrielle et rurale ; ces usines
modèles qui exportent pour tous les pays, pour
ceux-là même dont la France était autrefois tri-
butaire ; ce territoire si bien aménagé dans ses
richesses que, seul entre tous, il peut se suffire
à lui-même ; Paris assaini, étendu, reconstruit,
devenu capitale du monde, plus beau que la
Rome des Césars ; ces ports, ces fortifications,
ces arsenaux ; ces armes perfectionnées qui rendent le courage invincible ; cette armée, dont
les drapeaux, déchirés par les balles, sont alour-
dis par l'or des noms de victoires ; cette flotte
formidable sortie tout entière d'une création
nouvelle et ne reconnaissant à aucune autre
l'empire des mers ; le droit des neutres et le
droit de l'humanité inscrits dans le code des
batailles maritimes et continentales ; le nom de
la France protégeant les missions chrétiennes
jusque dans les pays les plus barbares ; les fron-
tières abaissées par le développement civilisateur du commerce, et par l'émancipation des
nationalités ; ce magnanime et incessant appel
à des congrès justiciers pour la pacification
universelle ; l'étude et la solution presque ache-
vée des plus redoutables problèmes sociaux ; la
sollicitude la plus haute s'étendant sur toute la
vie du travailleur, du berceau à la tombe, par

des institutions de bienfaisance, de crédit et de prévoyance ; le bien partout encouragé et récompensé ; le niveau de l'intelligence élevé en même temps que celui du bien-être ; l'instruction primaire et professionnelle, autrefois resserrée dans un lit étroit, se répandant partout en nappes fécondes ; le travail, si longtemps esclave du capital et de lui-même, noblement émancipé ; la liberté égalitaire donnant désormais la main à l'ouvrier et au patron ; l'association ouvrant son livre d'or à la probité et au courage ; des travaux immenses et des idées nouvelles activant le sang de la nation ; tous ces bienfaits et toutes ces gloires, cet ordre et ces libertés, cette prospérité et cette justice, ce grand courant de générosité et cette force ; tout cela est dû à l'initiative de Napoléon III. C'est lui qui a fondé le véritable Gouvernement moderne, le Gouvernement né de tous et fécond pour tous. Il a fait la France grande et heureuse, elle l'a fait heureux et grand. Par ses œuvres et par le rayonnement de son exemple, il a mérité d'être appelé l'Empereur du Peuple, et, pour ainsi dire, l'Empereur de l'Humanité.

PARIS. TYPOGRAPHIE HENRI PLON, RUE GARANCIÈRE, 8.